CONSTANT CLAUSE

OU

LE MODÈLE

DES SERVITEURS DE CULTURE

Par l'abbé A. TILLOY

Premier aumônier du Lycée Louis-le-Grand.

PARIS

IMPRIMERIE DE L'ŒUVRE DE SAINT-PAUL

SOUSSENS ET Cie

51, rue de Lille, 51.

A LA MÉMOIRE CHÉRIE ET VÉNÉRÉE

de mon Père
Jean-François TILLOY,
ancien Maire de la commune de Berzieux;

de ma Mère
Marie-Anne BALEZEAUX

de Jean-Louis-Constant CLAUSE, qui fut
leur fidèle, affectueux et dévoué serviteur
pendant quarante-deux ans de sa vie.

HOMMAGE DE PIÉTÉ FILIALE,
D'AFFECTUEUSE ESTIME
ET DE PROFONDE RECONNAISSANCE

de l'Abbé Jean-Anselme TILLOY,

Docteur en théologie et en droit canon, Officier d'Académie, premier Aumônier du Lycée de Louis-le-Grand.

CONSTANT CLAUSE

ou

LE MODÈLE DES SERVITEURS DE CULTURE

La classe ouvrière des campagnes n'a pas de parchemins qui lui transmettent une longue et glorieuse tradition de vertus héréditaires, ni d'armoiries pour lui redire par la bouche de ses ancêtres : « noblesse oblige. » Toutefois ce peuple de robustes travailleurs qui dépense ses forces et sa vie au service de l'agriculture, mère nourricière du pays, attaché à la glèbe qu'il arrose de ses sueurs et qu'il travaille de ses mains, a aussi ses titres de noblesse, son bataillon d'élite, ses preux chevaliers et ses héros, dont les vertus, moins connues des hommes parce qu'elles se sont produites sur un théâtre obscur, n'en sont pas moins dignes de notre admiration et des regards de la postérité. C'est donc justice de signaler et de recommander à la reconnaissance publique ces vertus, ces dévouements, ces héroïsmes inconnus qui se sont accomplis au village, et de les placer sous les yeux du peuple des campagnes comme un exemple et un encouragement, en leur disant : Voici vos héros ; ceux-là vous appartiennent, car ils

sont sortis de vos rangs ; ils constituent vos titres
de noblesse, et les témoignages d'estime et d'honneur
rendus à leur mémoire vous prouvent que les héroïsmes obscurs qui se cachent sous la blouse du plus
humble des serviteurs ne sont ni moins glorieux ni
moins dignes de l'admiration et de la reconnaisance
publiques que les héroïsmes plus éclatants qui se
produisent au grand jour dans les rangs les plus
élevés de la société.

On ne sera donc pas étonné que je vienne déposer
un pieux hommage d'admiration et de regrets sur la
tombe de l'un de ces humbles héros, dont la vie
s'est dépensée tout entière dans l'accomplissement
du devoir. Il n'a jamais été, pendant sa vie, du nombre de ceux que le monde appelle grands et heureux ;
il n'a jamais brillé par l'éclat des richesses ou par la
distinction de la science. Non, il ne fut ni riche ni
savant ; il fut moins que cela et j'oserai dire qu'il fut
plus que cela ; il a été grand de la plus belle, de la
plus pure, de la plus méritoire de toutes les gran-
deurs, de cette grandeur personnelle que l'homme
acquiert par son propre mérite, qui est le fruit d'un
travail patient et le reflet glorieux d'une vie irréprochable et sans tache consacrée à l'accomplissement
du devoir. Il s'agit, enfin, d'un humble domestique
de culture qui sut relever l'humilité de sa condition
par les qualités et par la pratique des vertus qui
distinguent le serviteur laborieux et fidèle, l'homme
du devoir, en un mot, l'homme de bien dans toute
l'acception du mot.

Cet homme de bien, c'est Jean-Louis-Constant

Clause, dont l'histoire n'est pas longue mais simple et touchante comme une page de l'Évangile. Il naquit à Berzieux, petit village de la Champagne (Marne), le 6 septembre 1802; il y passa toute sa vie dans l'accomplissement des mêmes devoirs et y mourut le 28 mai dernier à l'âge de soixante-dix-sept ans, après avoir servi pendant soixante-trois ans la même famille avec cette fidélité, avec ce dévouement affectueux qu'aucune expression ne saurait rendre. Comme on le voit, la vie de labeur commença de bonne heure pour Constant Clause. Il était encore enfant lorsqu'il perdit son père. Comme il avait deux frères plus jeunes que lui, il voulut, pour soulager sa mère, s'engager comme domestique de culture, et, à quatorze ans, il se mit au service de M. Tilloy-Balezeaux, cultivateur, et y resta quarante-deux ans. Pendant cette période de temps Constant Clause a toujours mérité l'estime et la confiance de son maître. Il était son collaborateur actif, vigilant et dévoué. Agriculteur intelligent et laborieux, le premier au travail et le dernier au repos, ne marchandant jamais ni son temps, ni ses services, aiguillonnant les autres domestiques et les hommes de journée par la parole et surtout par l'exemple, choisissant de préférence pour lui la tâche la plus difficile, veillant à·la culture des terres, à l'élevage des bestiaux, à la bonne tenue du train, des chevaux et des équipages, faisant au besoin, sans répugnance et même avec empressement, le service réservé à la fille de basse-cour quand celle-ci faisait défaut.

Dans l'accomplissement de cette tâche humble,

sans doute, mais si méritoire, Constant Clause n'était pas seulement aiguillonné par l'appât d'un salaire qui n'était d'ailleurs qu'une faible rémunération de ses services; il obéissait à un sentiment plus élevé, à l'amour du devoir. Il n'estimait rien tant que de faire son devoir et de le bien faire. Sous cette blouse du serviteur de culture, il y avait un grand et noble cœur, une fierté d'âme peu commune et une délicatesse exquise de conscience que la moindre injustice blessait au vif. La famille de son maître lui était pour ainsi dire aussi chère que la sienne propre; il aimait les enfants de son maître comme les siens. Aussi entre le maître et le serviteur les distances avaient pour ainsi dire disparu. Une amitié toute d'estime, de confiance et d'affection s'était établie entre eux, amitié dont Clause n'abusa jamais et qui ne s'est pas démentie un seul jour.

Pour moi qui ai vu Constant Clause à l'œuvre dès ma plus tendre enfance, je n'oublierai jamais ce que ma famille doit d'estime et de reconnaissance à ce laborieux et honnête serviteur; et quand mes souvenirs me reportent vers ce berceau de ma jeunesse, vers cette vieille maison des Tilloy, aujourd'hui vide, hélas! de la présence de ceux que j'aimais à y revoir, je ne puis séparer de leur souvenir celui du bon serviteur qui me berça, enfant, sur ses genoux, et qui, pendant quarante-deux ans, s'est assis chaque jour à la table commune.

En 1855, M. Tilloy-Balezeaux s'étant dessaisi de son train de culture, Constant Clause se vit obligé de se séparer de son maître. Il s'engagea au service d'un autre Tilloy. Il aimait cette famille Tilloy et il lui semblait qu'en servant un autre de ses membres, il ne changeait point de maître. Il ne se trompait point. M. Tilloy-Aubert et M. Tilloy-Lorette qu'il a successivement servis, l'un pendant sept ans, l'autre jusqu'à sa mort, lui témoignèrent toute l'estime et toute la confiance dont l'avait honoré son premier maître. Là aussi les rapports furent les mêmes. On traitait d'égal à égal avec ce vétéran du service agricole. Et ses maîtres s'honoraient eux-mêmes en honorant de leur amitié, en estimant comme un des leurs celui dont toute la vie s'était dépensée si généreusement au service de la famille ; ils avaient compris que c'était justice d'élever à leur niveau la dignité de ce serviteur dont le cœur, en définitive, ne battait pas autrement que le leur, et ils considéraient en lui non le mercenaire qui vend son temps et ses services pour un salaire convenu, mais le serviteur dévoué, l'ami fidèle de la famille.

Modèle des serviteurs, Constant Clause fut également le modèle des époux et des pères. Tout le temps qu'il ne devait pas à son maître, il le consacrait tout entier à sa famille ; ses habitudes d'économie et de travail lui permettaient d'assurer une honnête aisance aux siens et de pourvoir à leur bien-être ; il rendait sa femme heureuse par l'aménité de son caractère autant que par sa conduite correcte et irréprochable ; il élevait ses enfants dans l'amour du travail et dans la crainte de Dieu. Le dimanche, au lieu de suivre le chemin du vice, il suivait assidûment le chemin du devoir et des délassements utiles. Il savait allier les devoirs de sa religion avec ceux de son état, servir Dieu sans rien négliger du service de son maître. Le dimanche était pour lui le jour de Dieu, le jour de la famille, le jour du repos où ce vaillant serviteur, penché six jours sur sa charrue, se redressait et ouvrait son âme aux espérances de la foi, son cœur aux joies intimes du foyer. L'esprit chrétien qui inspirait et réglait sa conduite était le fondement inébranlable sur lequel reposaient ces belles qualités du cœur, ces sentiments de droiture et de probité et surtout ce sens profond du respect de l'autorité que nous avons toujours admirés en lui. C'est parce qu'il respectait la première autorité qui s'impose à l'homme, l'autorité divine, qu'il sut toujours respecter l'autorité de ses maîtres. Aucun serviteur n'observa plus scrupuleusement cette grande loi du respect qui tend à disparaître, hélas ! de nos mœurs, et dont le mépris, trop général aujourd'hui, met en péril la société et la famille !

Telle fut l'existence de Constant Clause ; elle s'écoula tout entière sur un théâtre obscur, dans l'accomplissement d'une tâche humble et laborieuse qui ne cessa qu'avec la vie. Arrivé à l'âge du repos, ce vétéran du service agricole ne voulut pas se reposer ; et à ceux qui l'invitaient à ménager ses forces, à jouir en paix de la modeste aisance qu'il avait conquise à la sueur de son front, il aurait pu faire la réponse que le grand Arnauld devenu vieux adressait à ses amis : « Nous nous reposerons dans l'éternité. » Ainsi en fut-il pour Constant Clause. Il ne quitta sa charrue que lorsque la maladie à laquelle il succomba vint le coucher sur son lit. Ce fut la fin de ses travaux.

Constant Clause rendit son âme à Dieu le 28 mai, âgé de soixante-dix-sept ans. Sa mort fut, comme l'avait été sa vie, celle du juste et du chrétien ! Elle fut un deuil, non-seulement pour les siens, mais pour tous les habitants de la commune de Berzieux et principalement pour la famille Tilloy, au service de laquelle il avait si généreusement dépensé soixante-trois années de sa vie. Chacun disait qu'avec Constant Clause disparaissait à Berzieux la tradition des domestiques du bon vieux temps. — « C'était, disait-on aussi, la probité et la fidélité faites homme; — on n'en fait plus comme celui-là, disait-on encore ». Simple et naïf éloge qui dans la bouche de ses compatriotes surpassait tous les éloges ! Et l'on disait vrai, car aujourd'hui, dans une certaine école, on a substitué aux vieilles traditions domestiques qui associaient le serviteur aux membres de la famille, cette maxime nouvelle et tristement anarchique : « Ton ennemi, c'est ton maître. » Aussi ne doit-on pas s'étonner que sous l'influence de cette maxime très en vogue parmi les ouvriers, les serviteurs de la trempe de Constant Clause soient devenus plus rares que jamais.

Les obsèques de notre digne et vénérable serviteur présentèrent le spectacle de la plus touchante solennité. Toute la population du pays, les riches comme les pauvres, les maîtres comme les domestiques, sans excepter les représentants de l'autorité municipale, s'y trouvèrent réunis par un sentiment commun de sympathies et de regrets. Le vénérable pasteur célébra un service solennel, et sur la tombe qui allait recevoir la dépouille mortelle du défunt, le fils de M. Tilloy-Aubert se fit l'interprète des assistants en rendant un pieux hommage de regrets, d'admiration et d'estime à la mémoire de celui à qui il devait son éducation agricole. S'inspirant des sentiments d'affectueuse reconnaissance dont son cœur était rempli, il les exprima dans ces termes simples et touchants :

« Je conserverai toujours comme un de mes meil-
« leurs souvenirs celui d'avoir été instruit par
« Constant Clause dans notre rude et honorable
« profession d'agriculteur. Non, je n'oublierai jamais
« ni ses patientes leçons ni ses excellents exemples.

« Il est consolant de voir comme la Providence
« fait surgir de temps à autre de ces hommes qui
« s'offrent à nos yeux comme des modèles achevés
« du bien, et on peut dire que Constant Clause fut
« de ceux-là. D'ailleurs, vous le savez, la probité et
« la fidélité sont traditionnelles dans cette ancienne
« et laborieuse famille Clause que Berzieux compte
« à juste titre au nombre de ses plus honorables.
« D'autres pourront se vanter de leur fortune, de
« leurs titres, de leur blason ; mais les Clause, eux,
« peuvent montrer avec fierté leur devise qui fut
« toujours celle-ci : *Honneur et Probité.* »

Cet hommage public rendu à la famille Clause n'a rien d'exagéré. La probité et la fidélité sont traditionnelles dans cette famille, et je pourrais en citer de nombreux témoignages. Un oncle de notre cher défunt, Armand Clause, avait donné à son neveu l'exemple des vertus qui font le bon domestique. Armand Clause resta attaché au service d'un autre Tilloy pendant trente-cinq ans. La mère de Constant Clause, sainte et digne femme, servit avec une fidélité et un dévouement exemplaires, pendant son long veuvage, une autre sainte et digne veuve, une Tilloy aussi, Mme veuve Morin, celle que nous appelions la bonne maman Morin, parce qu'elle était la mère et la Providence des pauvres. J'aime à rappeler le souvenir de ces vertus domestiques qui honorent tout à la fois les serviteurs et les maîtres, et en les signalant à l'admiration publique, je voudrais pouvoir en faire aimer la tradition, qui tend, hélas! à disparaître de nos campagnes.

Un hommage plus solennel et plus autorisé devait être rendu à la mémoire de Constant Clause. Le vénérable pasteur de la paroisse, M. l'abbé Dautheny, qui exerce à Berzieux le saint ministère depuis plus de trente ans, crut devoir déroger à l'usage, en rendant un témoignage public de ses regrets et de son admiration à son digne et fidèle paroissien. Dans une allocution touchante et toute paternelle, il raconta, il loua, comme elle méritait d'être louée, cette vie si modeste et si belle, si laborieuse et si chrétienne. Il prouva ainsi que l'Église, dont il est le ministre, ne mesure l'estime qu'elle fait de ses enfants, ni sur la dignité du rang, ni sur l'éclat de la richesse et de la science, mais sur ce qui vaut mieux que la richesse, les honneurs et la science, sur la dignité et sur la grandeur d'une vie qui s'est consommée tout entière dans l'accomplissement du devoir et dans la pratique de la vertu.

Parmi mes lecteurs, et même parmi mes compatriotes, il s'en trouvera peut-être qui seront tentés de me reprocher de donner une importance exagérée à l'éloge d'un simple domestique de culture, de répandre trop de fleurs sur sa tombe.

A ceux-là je répondrai que les vertus qui méritent le plus d'être louées sont celles qui se sont produites loin des grands théâtres, dans l'obscurité d'une condition modeste. Ces vertus qui n'ont jamais recherché les applaudissements des hommes sont les plus méritoires parce qu'elles sont les plus désintéressées.

Je répondrai en second lieu que le mérite d'une vie de travail et d'honneur dépensée au service de l'agriculture, ne saurait être trop loué à une époque où, par suite de la mollesse de nos mœurs, les enfants du peuple des campagnes prennent à dégoût le service de la culture et le dédaignent comme un service humiliant et trop pénible.

Je répondrai encore que le devoir accompli par le plus humble des serviteurs, mérite les mêmes éloges que le devoir accompli par les grands du monde, et que, quelque part qu'elle se rencontre, sous la blouse de l'ouvrier comme sous l'habit galonné d'un prince, la vertu est toujours la vertu, belle de sa propre beauté, grande d'une grandeur toute personnelle, à laquelle les titres et les dignités ne peuvent ajouter qu'un éclat d'emprunt. Et c'est pour cela que la vertu me paraît aussi digne d'être signalée à l'admiration publique quand elle se montre à moi sous la

blouse de Constant Clause que lorsqu'elle m'appa
raît sous l'habit brodé d'un académicien. Ne soyons
jamais jaloux des hommages rendus à la mémoire
des humbles martyrs du devoir et du travail. Les
peuples qui ne savent plus honorer la vertu que
lorsqu'elle se produit sur les grands théâtres du
monde sont bien près de ne plus savoir pratiquer les
vertus modestes et les plus nécessaires au bonheur
de la société !

On me dira encore : — Mais Constant Clause n'a
jamais fait, après tout, que son devoir de domestique ! —

En effet, ce brave serviteur n'a jamais prétendu
faire autre chose que son devoir : c'était là toute son
ambition ; et c'est précisément de quoi je le loue,
c'est d'avoir fait son devoir, de l'avoir toujours fait
et de l'avoir bien fait, c'est-à-dire courageusement,
constamment et jusqu'à son dernier soupir. Mes
chers compatriotes de Berzieux et lieux circonvoisins
connaissent-ils beaucoup de serviteurs qui compren-
nent aujourd'hui le devoir du bon domestique comme
Constant Clause l'a compris, et qui, surtout, le
pratiquent, comme il l'a toujours pratiqué, c'est-à-
dire avec le même dévouement, avec la même probité, avec la même persévérance ? Nul d'eux n'oserait
le dire. Eh bien ! comprendre son devoir et le pratiquer comme Constant Clause l'a compris et pratiqué
pendant toute sa vie, c'est la marque d'une vertu
plus qu'ordinaire ; c'est tout simplement sublime,
héroïque !

Eh quoi ! soixante-trois années d'un service laborieux et continu dans la même famille ! soixante-trois années de fidélité au devoir dans l'accomplissement d'un travail obscur, qui enchaîne un homme aux durs labeurs de la culture, qui l'oblige à braver l'intempérie des saisons, les rigueurs du froid et les chaleurs tropicales de l'été, n'est-ce donc rien ? Cherchez une carrière mieux remplie et plus laborieuse, et, par conséquent, plus méritoire. Faire cela pendant soixante-trois ans, c'est plus que le devoir accompli, c'est l'héroïsme soutenu, c'est la constance des patients et courageux efforts, c'est le labeur rude et austère des dévouements héroïques, c'est le martyre du devoir. J'admire l'héroïsme du soldat qui brave la mort pour défendre l'honneur du drapeau national. Mais une heure de courage et d'élan patriotique suffit pour être un héros sur un champ de bataille, et il n'y a guère de Français qui ne soit capable de cet héroïsme. Il y a un héroïsme plus méritoire que celui-là, plus glorieux dans le sens rigoureux du mot: c'est l'héroïsme de l'homme des champs qui reste attaché chaque jour à la consommation du même dévouement, qui y consacre tout son temps, toutes ses forces, toute sa vie. Ce fut l'héroïsme de Jean-Louis-Constant Clause, et c'est de quoi je le loue.

Enfant de Berzieux, je suis heureux d'honorer mon pays en mettant en lumière l'une de ses gloires les plus modestes et les plus pures. Fils du premier maître que Constant Clause a servi pendant quarante-deux ans, j'accomplis un devoir sacré que la piété filiale m'imposait en venant aux lieu et place de mon père et de ma mère décédés, déposer sur la tombe de celui qui fut leur meilleur serviteur et l'ami dévoué de la famille le juste tribut de regrets et d'affectueuse estime que nous devons à sa mémoire.

Adieu donc, cher Constant, ou plutôt au revoir, car la mort ne vous a séparé de ceux qui vous aiment et qui vous survivent que pour quelques jours : le ciel sera bientôt notre rendez-vous commun, et vos vertus sont de celles que le Ciel seul peut dignement récompenser. En vous perdant :

Berzieux a perdu l'un des plus honnêtes de ses enfants ;

Votre digne et inconsolable veuve le modèle des époux ;

Votre fils le plus dévoué des pères ;

Et la famille Tilloy le plus fidèle des serviteurs.

En descendant dans la tombe vous léguez à votre postérité non-seulement une honnête aisance laborieusement conquise à la sueur de votre front, mais, ce qui vaut mieux encore, les salutaires exemples d'une vie sans tache et sans reproche, un nom respecté et honoré par tous ceux dont l'estime vaut quelque chose, des traditions de foi, de vertu et de travail qui sont le plus riche patrimoine de la famille et son plus éloquent blason. Et maintenant que vous avez si vaillamment accompli votre tâche terrestre, après tant de sillons creusés, tant de terres ensemencées par vos mains, voici venu pour vous le jour de la grande et riche moisson, le jour où le Père de famille dont nous sommes tous les enfants et les serviteurs, récompense par une félicité éternelle votre vie laborieuse et chrétienne : *Courage, bon et fidèle serviteur, parce que vous avez été fidèle dans les petites choses... entrez dans la joie du Seigneur.*

Paris. Imp. de l'œuvre de Saint-Paul, Soussens et Cie, 51, rue de Lille

Imprimerie de l'Œuvre de Saint-Paul, Soussens et Cie
Paris, 51, rue de Lille.

www.ingramcontent.com/pod-product-compliance
Lightning Source LLC
Chambersburg PA
CBHW061835060726
47597CB00008B/3513